L'ESSENZIALE LIBRO DI CUCINA A BASSO CONTENUTO DI GRASSI

100 DELIZIOSE RICETTE A BASSO CONTENUTO DI GRASSI PER CONTROLLARE IL TUO PESO

MATTEO VILLA

Tutti i diritti riservati.
Dichiarazione di non responsabilità

Le informazioni contenute sono destinate a servire come una raccolta completa di strategie su cui l'autore di questo eBook ha svolto ricerche. Riepiloghi, strategie, suggerimenti e trucchi sono solo consigli dell'autore e la lettura di questo eBook non garantisce che i propri risultati rispecchino esattamente i risultati dell'autore. L'autore dell'eBook ha compiuto ogni ragionevole sforzo per fornire informazioni aggiornate e accurate ai lettori dell'eBook. L'autore ed i suoi associati non saranno ritenuti responsabili per eventuali errori od omissioni non intenzionali che dovessero essere riscontrati. Il materiale nell'eBook può includere informazioni di terze parti. I materiali di terze parti comprendono le opinioni espresse dai rispettivi proprietari. Pertanto, l'autore dell'eBook non si assume alcuna responsabilità per materiale o opinioni di terzi.

L'eBook è copyright © 2022 con tutti i diritti riservati. È illegale ridistribuire, copiare o creare lavori derivati da questo eBook in tutto o in parte. Nessuna parte di questo rapporto può essere riprodotta o ritrasmessa in qualsiasi riprodotta o ritrasmessa in qualsiasi forma senza il permesso scritto espresso e firmato dal l'autore.

Indice generale

- INTRODUZIONE..8
- PRIMA COLAZIONE..10
  - 1. Colazione con farina d'avena.................................10
  - 2. Colazione allo yogurt con farina d'avena...............12
  - 3. Farina D'avena Al Cacao......................................14
  - 4. Mirtillo Vaniglia Pernottamento Avena..................16
  - 5. farina d'avena di mele..18
  - 6. Burro Di Mandorle Banana Avena........................20
  - 7. Farina d'avena al cocco e melograno....................22
  - 8. Pizza all'uovo in crosta...24
  - 9. Frittata con verdure..26
  - 10. Muffin all'uovo..28
  - 11. Salmone Affumicato Uova Strapazzate................30
  - 12. Bistecca e uova..32
  - i. Uovo al Forno..34
  - 13. frittata..36
  - 14. Naan / Frittelle / Crepes.....................................38
  - 15. Pancakes con zucchine.......................................40
  - 16. Torta salata in crosta..42
  - 17. quiche..44
  - 18. Palline di ricotta al sesamo.................................46
- ANTIPASTI..48
  - 19. hummus...48
  - 20. guacamole...50
  - 21. Baba ganush..52
  - 22. Espinacase la Catalana......................................54
  - 23. Tapenade...56
  - 24. Salsa Di Peperoni Rossi.....................................58
  - 25. Melanzane e Yogurt...60
  - 26. caponata..62
- FRULLATI..64

27. Frullato Di Cavolo E Kiwi...64
28. Frullato Di Mele Zucchine..65
29. Smoothie al dente di leone..66
30. Frullato Di Mele Broccoli...68
31. Frullato Di Insalata..69
32. Frullato di cavolo e avocado...71
33. Frullato di crescione...72
34. Frullato di barbabietola..74
35. Broccoli Porri Frullato di cetriolo....................................75
36. Smoothie al cacao e spinaci...77
37. Smoothie al burro di mandorle e lino.............................78
38. Frullato di mela e cavolo riccio.......................................79
39. Smoothie Iceberg alla pesca...81
40. Frullato Arcobaleno..83

DOLCI...84
41. Torte Di Granchio...84
42. Crosta di torta dolce...86
43. Torta di mele..88
44. Frutta immersa nel cioccolato..90
45. Biscotti Senza Cottura...92
46. Brownies crudi..94
47. Gelato...96
48. Biscotti alle mele e spezie...97

ZUPPE..99
49. Crema Di Broccoli...99
50. Zuppa di lenticchie..101
51. Zuppa fredda di avocado e cetrioli................................103
52. Gaspacho..105
53. Zuppa Di Manzo All'italiana..107
54. Funghi arrostiti cremosi..109
55. zuppa di fagioli neri..111
57. Zuppa di zucca..115
58. Zuppa di maiale con fagioli bianchi e cavolo riccio.......117
59. Zuppa con uovo..121
60. Zuppa cremosa di pomodoro e basilico........................123

PIATTO PRINCIPALE..125
    61. Zuppa di lenticchie...125
    62. Piselli Brasati con Manzo..127
    63. chili di pollo bianco...129
    64. Cavolo Maiale...131
    65. Curry di zucca e cavolfiore...133
    66. Crockpot Agnello Rosso Al Curry.................................135
    67. Dhal di lenticchie facile...137
    68. Gumbo...139
    69. Curry di ceci...141
    70. Pollo al curry rosso...142
    71. Fagiolini Brasati con Maiale...144
    72. Ratatouille..146
    73. Manzo alla brace..148
    74. Filetto di manzo con scalogno......................................150
    75. chili...152
    76. Polpettone Glassato...154
    77. Lasagne alle melanzane...156
    78. Melanzane Ripiene..158
    79. Peperoni Ripieni Di Manzo...160
    80. Super gulasch...162
    81. Frijoles Charros...164
    82. pollo alla cacciatora..166
    83. Cavolo In Umido Con Carne..168
    84. Spezzatino di Manzo con Piselli e Carote..................170
    85. Spezzatino Di Pollo Verde..172
    86. Stufato irlandese..174
    87. Stufato di piselli ungherese...176
    88. Pollo Tikka Masala..178
    89. Stufato di Manzo Greco (Stifado)................................180
    90. Spezzatino di Carne con Fagioli Rossi........................182
    91. Spezzatino di agnello e patate dolci Sweet..............184
    92. Petto di pollo al forno...186
    93. Pollo Arrosto Al Rosmarino...188
    94. Cioppino...191

95. Passera con Arancia Cocco..*193*
96. Salmone grigliato...*195*
CONCLUSIONE...197

INTRODUZIONE

Una dieta povera di grassi è quella che limita i grassi, e spesso anche i grassi saturi e il colesterolo. Le diete a basso contenuto di grassi hanno lo scopo di ridurre l'insorgenza di condizioni come malattie cardiache e obesità. Per la perdita di peso, si comportano in modo simile a una dieta a basso contenuto di carboidrati, poiché la composizione dei macronutrienti non determina il successo della perdita di peso. Il grasso fornisce nove calorie per grammo mentre carboidrati e proteine forniscono ciascuno quattro calorie per grammo. L'Istituto di Medicina raccomanda di limitare l'assunzione di grassi al 35% delle calorie totali per controllare l'assunzione di grassi saturi.

Sebbene il grasso sia una parte essenziale della dieta di una persona, ci sono "grassi buoni" e "grassi cattivi". Conoscere la differenza può aiutare una persona a fare scelte informate sui propri pasti.

Se stai seguendo una dieta sana ed equilibrata, generalmente non è necessario limitare l'assunzione di grassi. Tuttavia, in determinate circostanze, limitare i grassi nella dieta può essere utile.

Ad esempio, le diete a basso contenuto di grassi sono consigliate se ti stai riprendendo da un intervento chirurgico alla cistifellea o hai una malattia della cistifellea o del pancreas.

Le diete a basso contenuto di grassi possono anche prevenire il bruciore di stomaco, ridurre il peso e migliorare il colesterolo.

PRIMA COLAZIONE

1. Colazione con farina d'avena

Serve 1

- • 1 tazza di farina d'avena cotta
- • 1 cucchiaino. di terralino semi
- • 1 cucchiaino. di semi di girasole
- • Un pizzico di cannella
- • Metà del cucchiaino. di cacao

a) Cuocere la farina d'avena con acqua calda e poi mescolare tutti gli ingredienti.

b) Dolcificare se necessario con qualche goccia di miele grezzo.

c) Facoltativo: puoi sostituire i semi di girasole con semi di zucca o semi di chia.

d) Puoi aggiungere una manciata di mirtilli o frutti di bosco al posto del cacao.

2. Colazione allo yogurt con farina d'avena

Serve 1

- 1/2 tazza di farina d'avena secca
- Una manciata di mirtilli (facoltativo)
- 1 tazza di yogurt magro

a) Mescolare tutti gli ingredienti e attendere 20 minuti o lasciare una notte in frigorifero se si utilizza l'avena tagliata in acciaio.
b) Servire

3. Farina D'avena Al Cacao

Serve 1

Ingredienti -

- • 1/2 tazza di avena
- • 2 tazze d'acqua
- • Un pizzico di cucchiaino. sale
- • 1/2 cucchiaino. terravaniglia fagiolo
- • 2 cucchiai. polvere di cacao
- • 1 cucchiaio. crudomiele
- • 2 cucchiai. terralino farina di semi
- • un pizzico di cannella
- • 2 albumi d'uovo

Istruzioni

a) In una casseruola a fuoco alto mettete l'avena e il sale. Coprire con 3 tazze d'acqua. Portare a bollore e cuocere per 3-5 minuti, mescolando di tanto in tanto. Continua ad aggiungere 1/2 tazza di acqua se necessario mentre il composto si addensa.

b) In una ciotola separata, sbatti 4 cucchiai. acqua nei 4 cucchiai. cacao in polvere per formare una salsa omogenea. Aggiungere la vaniglia nella padella e mescolare.

c) Abbassa il fuoco al minimo. Unite gli albumi e montate subito. Aggiungere la farina di lino e la cannella. Mescolare per unire. Togliere dal fuoco, aggiungere il miele crudo e servire subito.

d) Suggerimenti per la farcitura: fragole a fette, mirtilli o poche mandorle.

4. Mirtillo Vaniglia Pernottamento Avena

Serve 1

ingredienti

- · 1/2 tazza di avena
- · 1/3 di tazza d'acqua
- · 1/4 tazza di yogurt magro
- · 1/2 cucchiaino. terravaniglia fagiolo
- · 1 cucchiaio. lino farina di semi
- · Un pizzico di sale
- · Mirtilli, mandorle, more, crudo miele per farcire

Istruzioni

a) Aggiungere gli ingredienti (tranne i condimenti) nella ciotola la sera. Refrigerare durante la notte.

b) Al mattino, mescolare il composto. Dovrebbe essere spesso. Aggiungi i condimenti che preferisci.

5. farina d'avena di mele

Serve 1

ingredienti

- · 1 mela grattugiata
- · 1/2 tazza di avena
- · 1 tazza d'acqua
- · Un pizzico di cannella
- · 2 cucchiaini. crudomiele

Istruzioni

a) Cuocere l'avena con l'acqua per 3-5 minuti.
b) Aggiungere la mela grattugiata e la cannella. Incorporare il miele crudo.

6. Burro Di Mandorle Banana Avena

Serve 1

ingredienti

- • 1/2 tazza di avena
- • 3/4 di tazza d'acqua
- • 1 albume d'uovo
- • 1 banana
- • 1 cucchiaio. lino farina di semi
- • 1 cucchiaino crudo miele
- • pizzico di cannella
- • 1/2 cucchiai. mandorla burro

Istruzioni

a) Unire l'avena e l'acqua in una ciotola. Sbattere l'albume, quindi sbatterlo con l'avena cruda. Fai bollire sul fornello. Controllare la consistenza e continuare a scaldare se necessario fino a quando l'avena non sarà soffice e densa. Schiacciate la banana e aggiungetela all'avena. Scaldare per 1 minuto

b) Mescolare il lino, il miele grezzo e la cannella. Guarnire con burro di mandorle!

7. Farina d'avena al cocco e melograno

Serve 1

ingredienti

- · 1/2 tazza di avena
- · 1/3 di tazza di latte di cocco
- · 1 tazza d'acqua
- · 2 cucchiai. cocco grattugiato non zuccherato
- · 1-2 cucchiai. lino farina di semi
- · 1 cucchiaio. crudomiele
- · 3 cucchiai. Semi di melograno

Istruzioni

a) Cuocere l'avena con il latte di cocco, l'acqua e il sale.

b) Incorporare la noce di cocco, il miele crudo e la farina di semi di lino. Cospargere con cocco extra e semi di melograno.

8. Pizza all'uovo in crosta

Ingredienti -

- • 3 uova
- • 1/2 tazza di farina di cocco
- • 1 tazza di latte di cocco
- • 1 spicchio d'aglio schiacciato

a) Mescolate e fate una frittata.
b) Servire

9. Frittata con verdure

Serve 1

Ingredienti -

- • 2 uova grandi
- • sale
- • Gpepe nero tondo
- • 1 cucchiaino. oliva olio o cumino olio
- • 1 una tazza di spinaci, pomodorini e 1 cucchiaio di formaggio allo yogurt
- • Fiocchi di peperoncino tritato e un pizzico di aneto

Istruzioni

a) Sbattere 2 uova grandi in una piccola ciotola. Condire con sale e pepe nero macinato e mettere da parte. Scaldare 1 cucchiaino. olio d'oliva in una padella media a fuoco medio.

b) Aggiungere gli spinaci, i pomodori, il formaggio e cuocere, mescolando, fino a quando non sono appassiti (circa 1 minuto).

c) Aggiungere le uova; cuocere, mescolando di tanto in tanto, finché non si rapprende, circa 1 minuto. Incorporare il formaggio.

d) Cospargere con fiocchi di peperoncino tritato e aneto.

10. Muffin all'uovo

ingredienti

Porzioni: 8 muffin

- · 8 uova
- · 1 tazza di peperone verde a dadini
- · 1 tazza di cipolla a dadini
- · 1 tazza di spinaci
- · 1/4 di cucchiaino. sale
- · 1/8 cucchiaino. Pepe nero macinato
- · 2 cucchiai. acqua

Istruzioni

a) Riscaldare il forno a 350 gradi F. Oliare 8 pirottini per muffin.

b) Sbattere le uova insieme.

c) Mescolare peperone, spinaci, cipolla, sale, pepe nero e acqua. Versare il composto negli stampini da muffin.

d) Cuocere in forno fino a quando i muffin sono cotti nel mezzo.

11. Salmone Affumicato Uova Strapazzate

ingredienti, serve 2 -

- 1 cucchiaino Noce di cocco olio
- 4 uova
- 1 cucchiaio di acqua
- 120 g di salmone affumicato, affettato
- 1/2 avocado
- pepe nero macinato, a piacere
- 4 erba cipollina, tritata (o usa 1 cipolla verde, affettata sottilmente)

Istruzioni

a) Scaldare una padella a fuoco medio.
b) Aggiungere l'olio di cocco in padella quando è caldo.
c) Nel frattempo, sbattere le uova. Aggiungere le uova nella padella calda, insieme al salmone affumicato. Mescolando continuamente, cuocere le uova fino a renderle morbide e spumose.
d) Togliere dal fuoco. Guarnire con avocado, pepe nero ed erba cipollina per servire.

12. Bistecca e uova

Serve 2

Ingredienti -

- • Bistecca di manzo disossata da 1/2 libbra o filetto di maiale
- • 1/4 cucchiaino di pepe nero macinato
- • 1/4 cucchiaino di sale marino (facoltativo)
- • 2 cucchiaini Noce di cocco olio
- • 1/4 di cipolla, a dadini
- • 1 peperone rosso, a dadini
- • 1 manciata di spinaci o rucola
- • 2 uova

Istruzioni

a) Condire la bistecca o il filetto di maiale a fette con sale marino e pepe nero. Scaldare una padella antiaderente a fuoco alto. Aggiungere 1 cucchiaino di olio di cocco, cipolle e carne quando la padella è calda e saltare finché la bistecca non è leggermente cotta.

b) Aggiungere gli spinaci e il peperone rosso e cuocere fino a quando la bistecca non sarà cotta a proprio piacimento. Nel frattempo, scaldare una piccola padella a fuoco medio. Aggiungere l'olio di cocco rimasto e friggere due uova.

c) Completare ogni bistecca con un uovo fritto per servire.

i. Uovo al Forno

Ingredienti -

Serve 6

- • 2 tazze di peperoni rossi o spinaci tritati
- • 1 tazza di zucchine
- • 2 cucchiai. Noce di cocco olio
- • 1 tazza di funghi a fette
- • 1/2 tazza di cipolle verdi affettate
- • 8 uova

- • 1 tazza di latte di cocco
- • 1/2 tazza mandorla Farina
- • 2 cucchiai. prezzemolo fresco tritato
- • 1/2 cucchiaino. basilico essiccato
- • 1/2 cucchiaino. sale
- • 1/4 di cucchiaino. Pepe nero macinato

Istruzioni

a) Preriscaldare il forno a 350 gradi F. Mettere l'olio di cocco in una padella. Scaldalo a fuoco medio. Aggiungere funghi, cipolle, zucchine e peperoncino (o spinaci) fino a quando le verdure sono tenere, circa 5 minuti. Scolare le verdure e distribuirle sulla teglia.

b) Sbattete le uova in una ciotola con il latte, la farina, il prezzemolo, il basilico, il sale e il pepe. Versare il composto di uova nella teglia.

c) Cuocere in forno preriscaldato fino a quando il centro non è rappreso (circa 35-40 minuti).

13. frittata

6 porzioni

ingredienti -

- • 2 cucchiai. oliva olio o avocado olio
- • 1 Zucchine, affettate
- • 1 tazza di spinaci freschi strappati
- • 2 cucchiai. cipolle verdi affettate
- • 1 cucchiaino. aglio schiacciato, Sale e pepe a piacere
- • 1/3 di tazza di latte di cocco
- • 6 uova

Istruzioni

a) Scaldare l'olio d'oliva in una padella a fuoco medio. Aggiungere le zucchine e cuocere finché sono tenere. Mescolare gli spinaci, le cipolle verdi e l'aglio. Condire con sale e pepe. Continuare la cottura fino a quando gli spinaci non saranno appassiti.

b) In una ciotola a parte, sbattere le uova e il latte di cocco. Versare nella padella sopra le verdure. Ridurre il fuoco al minimo, coprire e cuocere fino a quando le uova sono sode (da 5 a 7 minuti).

14. Naan / Frittelle / Crepes

ingredienti

- • 1/2 tazza mandorla Farina
- • 1/2 tazza di farina di tapioca
- • 1 tazza di latte di cocco
- • Salt
- • Noce di cocco olio

Istruzioni

a) Mescola tutti gli ingredienti insieme.

b) Scaldare una padella a fuoco medio e versare la pastella dello spessore desiderato. Quando la pastella sembra soda, girala per cuocere l'altro lato.

c) Se vuoi che sia una crepe o un pancake da dessert, ometti il sale. Se vuoi, puoi aggiungere aglio o zenzero tritati nella pastella, o alcune spezie.

15. Pancakes con zucchine

Serve 3

ingredienti

- • 2 zucchine medie
- • 2 cucchiai. cipolla tritata
- • 3 uova sbattute
- • da 6 a 8 cucchiai. mandorla Farina
- • 1 cucchiaino. sale
- • 1/2 cucchiaino. Pepe nero macinato
- • Noce di cocco olio

Istruzioni

a) Riscaldare il forno a 300 gradi F.

b) Grattugiate le zucchine in una ciotola e aggiungete la cipolla e le uova. Mescolare in 6 cucchiai. della farina, sale e pepe.

c) Scaldare una padella grande a fuoco medio e aggiungere l'olio di cocco nella padella. Quando l'olio è caldo, abbassare la fiamma a medio-basso e aggiungere la pastella nella padella. Cuocere le frittelle circa 2 minuti per lato, fino a doratura. Metti le frittelle nel forno.

16. Torta salata in crosta

ingredienti

- • 1 1/4 tazze sbollentate mandorla Farina
- • 1/3 tazza di farina di tapiocaca
- • 3/4 cucchiaino. sale marino finemente macinato
- • 3/4 cucchiaino. paprica
- • 1/2 cucchiaino. cumino in polvere
- • 1/8 cucchiaino. pepe bianco macinato
- • 1/4 di tazza Noce di cocco olio
- • 1 uovo grande

Istruzioni

a) Metti la farina di mandorle, la farina di tapioca, il sale marino, la vaniglia, l'uovo e lo zucchero di cocco (se usi lo zucchero di cocco) nella ciotola di un robot da cucina. Lavorare 2-3 volte per combinare. Aggiungere l'olio e il miele grezzo (se si utilizza il miele grezzo) e pulsare con diversi impulsi di un secondo, quindi lasciare che il robot da cucina funzioni fino a quando la miscela non si unisce. Spostare l'impasto su un foglio di pellicola trasparente. Avvolgere e poi premere l'impasto in un disco da 9 pollici. Refrigerare per 30 minuti.

b) Rimuovere l'involucro di plastica. Premere l'impasto sul fondo e sui lati di una tortiera imburrata da 9 pollici. Arrotolare un po' i bordi della crosta. Raffreddare in frigorifero per 20 minuti. Metti la griglia del forno in posizione centrale e preriscalda il forno a 375F. Mettere in forno e cuocere fino a doratura.

17. quiche

Serve 2-3

Ingredienti -

- • 1 Crostata di Torta Salata precotta e raffreddata
- • 8 once di spinaci biologici, cotti e scolati
- • 6 once di maiale a cubetti
- • 2 scalogni medi, affettati sottilmente e saltati in padella
- • 4 uova grandi
- • 1 tazza di latte di cocco
- • 3/4 cucchiaino. sale
- • 1/4 di cucchiaino. Pepe nero appena macinato

Istruzioni

a) Rosolare il maiale in olio di cocco e poi aggiungere gli spinaci e lo scalogno. Mettere da parte una volta fatto.

b) Preriscaldare il forno a 350F. In una ciotola capiente, unire le uova, il latte, il sale e il pepe. Sbattere fino a quando non diventa spumoso. Aggiungere circa 3/4 della miscela di ripieno scolata, riservando l'altro 1/4 per "coprire" la quiche. Versare il composto di uova nella crosta e posizionare il ripieno rimanente sopra la quiche.

c) Mettere la quiche in forno al centro della griglia centrale e cuocere indisturbata per 45-50 minuti.

18. Palline di ricotta al sesamo

ingredienti

- 16 once di formaggio contadino o ricotta
- 1 tazza di mandorle tritate finemente
- 1 tazza e 1/2 di farina d'avena

a) In una grande ciotola, unire la ricotta, le mandorle e la farina d'avena.

b) Fare delle palline e passarle nel mix di semi di sesamo.

ANTIPASTI

19. hummus

ingredienti

- • 2 tazze di ceci cotti (ceci)
- • 1/4 tazza (59 ml) di succo di limone fresco
- • 1/4 tazza (59 ml) di tahin
- • Mezzo spicchio d'aglio grande, tritato
- • 2 cucchiai. oliva olio o cumino olio, più altro per servire
- • 1/2 a 1 cucchiaino. sale
- • 1/2 cucchiaino. cumino in polvere
- • da 2 a 3 cucchiai. acqua
- • Un pizzico di paprika macinata per servire

Istruzioni

a) Unire tahini e succo di limone e frullare per 1 minuto. Aggiungere l'olio d'oliva, l'aglio tritato, il cumino e il sale al composto di tahini e limone. Lavorare per 30 secondi, raschiare i lati e poi lavorare altri 30 secondi.

b) Aggiungere metà dei ceci al robot da cucina e lavorare per 1 minuto. Raschiare i lati, aggiungere i ceci rimanenti e lavorare per 1 o 2 minuti.

c) Trasferire l'hummus in una ciotola, quindi versare circa 1 cucchiaio. di olio d'oliva sopra e cospargere con paprika.

20. guacamole

ingredienti

- • 4 avocado maturi
- • 3 cucchiai. succo di limone appena spremuto (1 limone)
- • 8 gocce di salsa di peperoncino piccante
- • 1/2 tazza di cipolla a dadini
- • 1 grande spicchio d'aglio, tritato
- • 1 cucchiaino. sale
- • 1 cucchiaino. Pepe nero macinato
- • 1 pomodoro medio, senza semi e a dadini piccoli

Istruzioni

a) Tagliate a metà gli avocado, privateli del nocciolo e privateli della polpa.

b) Aggiungere immediatamente il succo di limone, la salsa al peperoncino, l'aglio, la cipolla, il sale e il pepe e mescolare bene. Avocado a cubetti. Aggiungere i pomodori.

c) Mescolate bene e aggiustate di sale e pepe.

21. Baba ganush

ingredienti

- • 1 melanzana grande
- • 1/4 tazza di tahini, più altro se necessario
- • 3 spicchi d'aglio, tritati
- • 1/4 tazza di succo di limone fresco, più altro se necessario
- • 1 pizzico di cumino macinato
- • sale, qb
- • 1 cucchiaio. extra vergine oliva olio o avocado olio
- • 1 cucchiaio. prezzemolo tritato
- • 1/4 tazza di olive nere in salamoia, come Kalamata

Istruzioni:

a) Grigliare le melanzane per 10-15 minuti. Riscaldare il forno (375 F).

b) Metti le melanzane su una teglia e cuoci per 15-20 minuti o finché non sono molto morbide. Togliete dal forno, lasciate raffreddare, sbucciate ed eliminate la pelle. Metti la polpa delle melanzane in una ciotola. Usando una forchetta, schiacciare le melanzane in una pasta.

c) Aggiungere 1/4 di tazza di tahini, aglio, cumino, 1/4 di tazza di succo di limone e mescolare bene. Condire con sale a piacere. Trasferire il composto in una ciotola da portata e stendere con il dorso di un cucchiaio per formare un pozzo poco profondo. Spruzzare sopra l'olio d'oliva e cospargere con il prezzemolo.

d) Servire a temperatura ambiente.

22. Espinacase la Catalana

Serve 4

ingredienti

- • 2 tazze di spinaci
- • 2 spicchi d'aglio
- • 3 cucchiai di anacardi
- • 3 cucchiai di ribes essiccato
- • oliva olio o avocado olio

Istruzioni

a) Lavate gli spinaci e privateli dei gambi. Lessare gli spinaci per pochi minuti.

b) Sbucciare e affettare l'aglio. Versare qualche cucchiaio di olio d'oliva e coprire il fondo di una padella. Scaldare la padella a fuoco medio e soffriggere l'aglio per 1-2 minuti.

c) Aggiungere gli anacardi e il ribes nella padella e continuare a saltare per 1 minuto. Aggiungere gli spinaci e mescolare bene, ungendo con olio. Sale a piacere.

23. Tapenade

ingredienti

- • 1/2 libbra di olive miste snocciolate
- • 2 filetti di acciughe, sciacquati
- • 1 spicchio d'aglio piccolo, tritato
- • 2 cucchiai. capperi
- • 2-3 foglie di basilico fresco basil
- • 1 cucchiaio. succo di limone appena spremuto
- • 2 cucchiai. extra vergineoliva olio o cumino olio

Istruzioni

a) Sciacquare le olive in acqua fredda.
b) Metti tutti gli ingredienti nella ciotola di un robot da cucina. Lavorare per unire, fino a quando diventa una pasta grossolana.
c) Trasferire in una ciotola e servire

24. Salsa Di Peperoni Rossi

ingredienti

- • 1 libbra di peperoni rossi
- • 1 tazza di formaggio contadino
- • 1/4 tazza vergine oliva olio o avocado olio
- • 1 cucchiaio di aglio tritato
- • Succo di limone, sale, basilico, origano, peperoncino in scaglie a piacere.

Istruzioni

a) Arrostire i peperoni. Copriteli e fateli raffreddare per circa 15 minuti. Sbucciate i peperoni e privateli dei semi e del picciolo.

b) Tritare i peperoni. Trasferire i peperoni e l'aglio in un robot da cucina e lavorare fino a che liscio.

c) Aggiungere il formaggio contadino e l'aglio e lavorare fino a che liscio.

d) Con la macchina in funzione, aggiungere l'olio d'oliva e il succo di limone. Aggiungere il basilico, l'origano, i fiocchi di peperoncino e 1/4 di cucchiaino. sale e lavorare fino a che liscio.

e) Aggiustare il condimento, a piacere. Versare in una ciotola e conservare in frigorifero.

25. Melanzane e Yogurt

1 libbra di melanzane tritate

3 scalogni non pelati

3 spicchi d'aglio non sbucciati

a) Mescolare 1 libbra di melanzane tritate, 3 scalogni non sbucciati e 3 spicchi d'aglio non sbucciati con 1/4 di tazza di olio d'oliva, sale e pepe su una teglia.

b) Infornare a 400 gradi per mezz'ora. Raffreddare e spremere dalla buccia lo scalogno e l'aglio e tritarli. Mescolare con melanzane, mandorle, 1/2 tazza di yogurt bianco, aneto, sale e pepe.

26. caponata

Serve 3-4

ingredienti

- • Noce di cocco olio
- • 2 melanzane grandi, tagliate a pezzi grandi
- • 1 cucchiaino. origano secco
- • Sea sale
- • Fpepe nero macinato finemente
- • 1 cipolla piccola, sbucciata e tritata finemente
- • 2 spicchi d'aglio, sbucciati e affettati finemente

- • 1 mazzetto di prezzemolo fresco a foglia liscia, le foglie raccolte e i gambi tritati finemente
- • 2 cucchiai. capperi sotto sale, sciacquati, ammollati e scolati
- • 1 manciata di olive verdi, private del nocciolo
- • 2-3 cucchiai. succo di limone
- • 5 pomodori grandi maturi, tagliati grossolanamente
- • Noce di cocco olio
- • 2 cucchiai. mandorle a lamelle, leggermente tostate, facoltative

Istruzioni

a) Scaldare l'olio di cocco in una padella e aggiungere le melanzane, l'origano e il sale. Cuocere a fuoco vivo per circa 4 o 5 minuti. Aggiungere la cipolla, l'aglio e i gambi di prezzemolo e continuare la cottura per qualche altro minuto. Aggiungere i capperi scolati e le olive e il succo di limone. Quando tutto il succo sarà evaporato, aggiungere i pomodori e cuocere a fuoco lento finché sono teneri.

b) Condire con sale e olio d'oliva a piacere prima di servire. Cospargere con le mandorle.

FRULLATI

27. Frullato Di Cavolo E Kiwi

- 1 tazza di cavolo riccio, tritato
- 2 mele
- 3 kiwi
- 1 cucchiaio lino semi
- 1 cucchiaio di pappa reale
- 1 tazza di ghiaccio tritato

a) Unire nel frullatore

b) Servire

28. Frullato Di Mele Zucchine

- · 1/2 tazza di zucchine
- · 2 mele
- · 3/4 avocado
- · 1 gambo di sedano
- · 1 limone
- · 1 cucchiaio. Spirulina
- · 1 1/2 tazze di ghiaccio tritato

a) Unire nel frullatore

b) Servire

29. Smoothie al dente di leone

- 1 tazza di tarassaco
- 1 tazza di spinaci
- ½ tazza di tahin
- 1 ravanello rosso
- 1 cucchiaio. chia semi
- 1 tazza di tè alla lavanda

a) Unire nel frullatore

b) Servire

Frullato di melata di finocchio

- ½ tazza di finocchio
- 1 tazza di broccoli
- 1 cucchiaio. coriandolo
- 1 tazza di melata
- 1 tazza di ghiaccio tritato
- 1 cucchiaio. clorella

a) Unire nel frullatore

b) Servire

30. Frullato Di Mele Broccoli

- 1 mela
- 1 tazza di broccoli
- 1 cucchiaio. coriandolo
- 1 gambo di sedano
- 1 tazza di ghiaccio tritato
- 1 cucchiaio. alghe tritate

a) Unire nel frullatore
b) Servire

31. Frullato Di Insalata

- • 1 tazza di spinaci
- • ½ cetriolo
- • 1/2 cipolla piccola
- • 2 cucchiai di prezzemolo
- • 2 cucchiai di succo di limone
- • 1 tazza di ghiaccio tritato
- • 1 cucchiaio. oliva olio o cumino olio
- • ¼ tazza di erba di grano

a) Unire nel frullatore

b) Servire

32. Frullato di cavolo e avocado

- 1 tazza di cavolo cappuccio
- ½ avocado
- 1 tazza di cetriolo
- 1 gambo di sedano
- 1 cucchiaio. chia semi
- 1 tazza di camomilla
- 1 cucchiaio. Spirulina
    a) Unire nel frullatore
    b) Servire

33. Frullato di crescione

- • 1 tazza di crescione
- • ½ tazza mandorla burro
- • 2 piccoli cetrioli
- • 1 tazza di latte di cocco
- • 1 cucchiaio. clorella
- • 1 cucchiaio. Semi di cumino nero – cospargere sopra e guarnire con prezzemolo

a) Unire nel frullatore

b) Servire

34. Frullato di barbabietola

- 1 tazza di barbabietola verde
- 2 cucchiai. Burro di semi di zucca
- 1 tazza di fragole
- 1 cucchiaio. semi di sesamo
- 1 cucchiaio. canapa semi
- 1 tazza di camomilla

a) Unire nel frullatore
b) Servire

35. Broccoli Porri Frullato di cetriolo

1 tazza di broccoli

- • 2 cucchiai. Burro di anacardi
- • 2 porri
- • 2 cetrioli
- • 1 lime
- • ½ tazza di lattuga
- • ½ tazza di lattuga in foglia
- • 1 cucchiaio. Matcha
- • 1 tazza di ghiaccio tritato

a) Unire nel frullatore

b) Servire

36. Smoothie al cacao e spinaci

- • 2 tazze di spinaci
- • 1 tazza di mirtilli, congelati
- • 1 cucchiaio di cacao amaro in polvere
- • ½ tazza di latte di mandorle non zuccherato
- • 1/2 tazza di ghiaccio tritato
- • 1 cucchiaino crudo miele
- • 1 cucchiaio. Matcha in polvere

a) Unire nel frullatore

b) Servire

37. Smoothie al burro di mandorle e lino

- · ½ tazza di yogurt bianco
- · 2 cucchiai mandorla burro
- · 2 tazze di spinaci
- · 1 banana, congelata
- · 3 fragole
- · 1/2 tazza di ghiaccio tritato
- · 1 cucchiaino lino semi

a) Unire nel frullatore

b) Servire

38. Frullato di mela e cavolo riccio

- • 1 tazza di cavolo cappuccio
- • ½ tazza di latte di cocco
- • 1 cucchiaio. Maca
- • 1 banana, congelata
- • ¼ cucchiaino di cannella
- • 1 mela
- • Pizzico di noce moscata
- • 1 chiodo di garofano
- • 3 cubetti di ghiaccio

a) Unire nel frullatore

b) Servire

39. Smoothie Iceberg alla pesca

- · 1 tazza di lattuga iceberg
- · 1 banana
- · 1 pesca
- · 1 noce brasiliana
- · 1 mango
- · 1 tazza di Kombucha
- · Top con canapa semi

a) Unire nel frullatore

b) Servire

40. Frullato Arcobaleno

a) • Frullare 1 barbabietola grande con del ghiaccio tritato

b) • Frulla 3 carote con del ghiaccio tritato

c) Frulla 1 cetriolo, 1 tazza di lattuga e ½ tazza di Wheatgrass

d) • Serviteli separati per preservare il colore distinto

e) Servire

DOLCI

41. Torte Di Granchio

Serve 6-8

Ingredienti -

- • 3 libbre. polpa di granchio
- • 3 uova sbattute
- • 3 tazze <u>lino</u> farina di semi
- • 3 cucchiai. mostarda
- • 2 cucchiai. rafano grattugiato
- • 1/2 tazza <u>Noce di cocco</u> olio
- • 1 cucchiaino. scorza di limone

- • 3 cucchiai. succo di limone
- • 2 cucchiai. prezzemolo
- • 1/2 cucchiaino. peperoncino di Cayenna
- • 2 cucchiaini. salsa di pesce

Istruzioni

a) In una ciotola media unire tutti gli ingredienti tranne l'olio.
b) Formate degli hamburger piccolissimi. In una padella scaldare l'olio e cuocere le polpette 3-4 minuti per lato o fino a doratura.
c) Facoltativamente, cuocerli in forno.
d) Servire come antipasto o come secondo piatto con insalata di grosse fibre.

42. Crosta di torta dolce

ingredienti

- • 1 1/3 tazze sbollentate mandorla Farina
- • 1/3 tazza di farina di tapiocaca
- • 1/2 cucchiaino. sale marino
- • 1 uovo grande
- • 1/4 di tazza Noce di cocco olio
- • 2 cucchiai. zucchero di cocco o crudomiele
- • 1 cucchiaino di terra vaniglia fagiolo

Istruzioni

a) Metti la farina di mandorle, la farina di tapioca, il sale marino, la vaniglia, l'uovo e lo zucchero di cocco (se usi lo zucchero di cocco) nella ciotola di un robot da cucina. Lavorare 2-3 volte per combinare. Aggiungere l'olio e il miele grezzo (se si utilizza il miele grezzo) e pulsare con diversi impulsi di un secondo, quindi lasciare che il robot da cucina funzioni fino a quando la miscela non si unisce. Versare l'impasto su un foglio di pellicola trasparente. Avvolgere e poi premere l'impasto in un disco da 9 pollici. Refrigerare per 30 minuti.

b) Rimuovere l'involucro di plastica. Premere l'impasto sul fondo e sui lati di una tortiera imburrata da 9 pollici. Arrotolare un po' i bordi della crosta. Raffreddare in frigorifero per 20 minuti. Metti la griglia del forno in posizione centrale e preriscalda il forno a 375F. Mettere in forno e cuocere fino a doratura.

43. Torta di mele

Porzione: Serve 8

ingredienti

- · 2 cucchiai. Noce di cocco olio
- · 9 mele acide, sbucciate, private del torsolo e tagliate a fette spesse 1/4 di pollice
- · 1/4 tazza di zucchero di cocco o crudo miele
- · 1/2 cucchiaino. cannella
- · 1/8 cucchiaino. sale marino
- · 1/2 tazza di latte di cocco
- · 1 tazza di arachidi e semi

Istruzioni

a) Ripieno: sciogliere l'olio di cocco in una pentola capiente a fuoco medio. Aggiungere mele, zucchero di cocco o miele grezzo, cannella e sale marino. Aumentare il fuoco a medio-alto e cuocere, mescolando di tanto in tanto, finché le mele non rilasciano la loro umidità e lo zucchero si scioglie. Versare il latte di cocco o la panna sulle mele e continuare a cuocere finché le mele non saranno morbide e il liquido si sarà addensato, circa 5 minuti, mescolando di tanto in tanto.

b) Versare il ripieno nella crosta e poi guarnire con il topping. Mettere uno scudo per torta sui bordi della crosta per evitare che si bruci. Cuocere fino a quando la copertura non diventa appena dorata. Raffreddare e servire.

44. Frutta immersa nel cioccolato

ingredienti

- • 2 mele o 2 banane o una ciotola di fragole o qualsiasi frutto che può essere immerso nel cioccolato fuso
- • 1/2 tazza di cioccolato fuso

- 2 cucchiai. noci tritate (mandorle, noci, noci del Brasile) o semi (canapa, chia, sesamo, lino semi pasto)

Istruzioni

a) Tagliare la mela a spicchi o tagliare la banana in quarti. Sciogliere il cioccolato e tritare le noci. Immergere la frutta nel cioccolato, cospargere con noci o semi e adagiarla su un vassoio.

b) Trasferite la teglia in frigorifero in modo che il cioccolato possa indurirsi; servire.

c) Se non volete il cioccolato, ricoprite la frutta con burro di mandorle o di girasole e cospargetela di semi di chia o di canapa, tagliatela a pezzi e servite.

45. Biscotti Senza Cottura

ingredienti

- · 1/2 tazza di latte di cocco
- · 1/2 tazza di cacao in polvere
- · 1/2 tazza Noce di cocco olio
- · 1/2 tazza cruda miele
- · 2 tazze di cocco finemente tritato
- · 1 tazza di cocco in scaglie grandi
- · 2 cucchiaini di terra vaniglia fagiolo
- · 1/2 tazza di mandorle tritate o chia semi (facoltativo)
- · 1/2 tazza mandorla burro (facoltativo)

Istruzioni

a) Unire il latte di cocco, l'olio di cocco e la polvere di cacao in una casseruola. Cuocere il composto a fuoco medio, mescolando fino a raggiungere il bollore e poi far bollire per 1 minuto.

b) Togliere il composto dal fuoco e incorporare il cocco grattugiato, il cocco a scaglie grandi, il miele grezzo e la vaniglia. Aggiungi altri ingredienti se vuoi.

c) Versare il composto su una teglia foderata di carta da forno a raffreddare.

46. Brownies crudi

ingredienti

- • 1 1/2 tazze di noci
- • 1 tazza snocciolata date
- • 1 1/2 cucchiaino. terravaniglia fagiolo
- • 1/3 tazza di cacao amaro in polvere
- • 1/3 di tazza mandorla burro

Istruzioni

a) Aggiungere le noci e il sale a un robot da cucina o frullatore. Mescolare fino a macinare finemente.

b) Aggiungere la vaniglia, i datteri e il cacao in polvere nel frullatore. Mescolare bene ed eventualmente aggiungere un paio di gocce d'acqua alla volta per far aderire il composto.

c) Trasferire il composto in una padella e guarnire con burro di mandorle.

47. Gelato

a) Congelare una banana tagliata a pezzi e passarla al frullatore una volta congelata e aggiungere mezzo cucchiaino. di cannella o 1 cucchiaino. di cacao o entrambi e mangiarlo come un gelato.

b) Un'altra opzione sarebbe quella di aggiungere un cucchiaio di mandorla burro e mescolarlo con la banana schiacciata, è anche un delizioso gelato.

48. Biscotti alle mele e spezie

ingredienti

- • 1 tazza senza zucchero mandorla burro
- • 1/2 tazza cruda miele
- • 1 uovo e 1/2 cucchiaino di sale
- • 1 mela, a dadini
- • 1 cucchiaino di cannella
- • 1/4 di cucchiaino di chiodi di garofano macinati
- • 1/8 cucchiaino di noce moscata
- • 1 cucchiaino di zenzero fresco, grattugiato

Istruzioni

a) Scaldare il forno a 350 gradi F. Unire il burro di mandorle, l'uovo, il miele crudo e il sale in una ciotola. Aggiungere la mela, le spezie e lo zenzero e mescolare. Versare l'impasto su una teglia da forno a 1 pollice di distanza.

b) Cuocere fino al set.

c) Sfornare i biscotti e lasciar raffreddare su una gratella.

zuppe

49. Crema Di Broccoli

Serve 4

ingredienti

- 1 1/2 libbre di broccoli, freschi
- 2 tazze d'acqua
- 3/4 cucchiaino. sale, pepe qb
- 1/2 tazza di farina di tapioca, mescolata con 1 tazza di acqua fredda
- 1/2 tazza di crema di cocco
- 1/2 tazza di formaggio contadino a basso contenuto di grassi

e) Cuocere a vapore o lessare i broccoli finché non diventano teneri.

f) Metti 2 tazze di acqua e crema di cocco nella parte superiore del bagnomaria.

g) Aggiungere sale, formaggio e pepe. Scaldare finché il formaggio non si sarà sciolto.

h) Aggiungi i broccoli. Mescolare l'acqua e la farina di tapioca in una piccola ciotola.

i) Mescolare la miscela di tapioca nella miscela di formaggio a bagnomaria e scaldare fino a quando la zuppa si addensa.

50. Zuppa di lenticchie

Serve 4-6

ingredienti

c) 2 cucchiai. <u>oliva</u> olio o <u>avocado</u> olio

d) 1 tazza di cipolla tritata finemente

e) 1/2 tazza di carota tritata

f) 1/2 tazza di sedano tritato

g) 2 cucchiaini di sale

h) 1 libbra di lenticchie

i) 1 tazza di pomodori tritati

j) 2 litri di brodo di pollo o vegetale

k) 1/2 cucchiaino. coriandolo macinato e cumino tostato

Istruzioni

- Metti l'olio d'oliva in un grande forno olandese. Impostare a fuoco medio. Una volta caldo, aggiungere il sedano, la cipolla, la carota e il sale e fare finché le cipolle non saranno traslucide.
- Aggiungere le lenticchie, i pomodori, il cumino, il brodo e il coriandolo e mescolare per amalgamare. Alzate la fiamma e portate appena a bollore.
- Ridurre il fuoco, coprire e cuocere a fuoco lento fino a quando le lenticchie sono tenere (ca. 35-40 minuti).
- Frulla con un frullatore fino alla consistenza che preferisci (facoltativo). Servire subito.

51. Zuppa fredda di avocado e cetrioli

Serve 2-3

ingredienti

- e) 1 cetriolo sbucciato, privato dei semi e tagliato a pezzi da 2 pollici
- f) 1 avocado, sbucciato
- g) 2 cipollotti tritati
- h) 1 tazza di brodo di pollo
- i) 3/4 di tazza di yogurt greco magro
- j) 2 cucchiai. succo di limone
- k) 1/2 cucchiaino. pepe macinato, o a piacere
- l) Erba cipollina, aneto, menta, scalogno o cetriolo tritati

- Unire il cetriolo, l'avocado e lo scalogno in un frullatore. Frullare fino a tritare.
- Aggiungere lo yogurt, il brodo e il succo di limone e continuare fino a che liscio.
- Condire con pepe e sale a piacere e mettere in frigo per 4 ore.
- Assaggiate per condire e guarnire.

52. Gaspacho

Serve 4

ingredienti

c) • 1/2 tazza di lino farina di semi
d) • 1kg di pomodori, a dadini
e) • 1 peperone rosso e 1 peperone verde, a dadini
f) • 1 cetriolo, sbucciato e tagliato a dadini
g) • 2 spicchi d'aglio, sbucciati e schiacciati
h) • 150 ml di extra vergine oliva olio o avocado olio
i) • 2 cucchiai di succo di limone
j) • Sale, a piacere

Istruzioni

- Mescolare i peperoni, i pomodori e il cetriolo con l'aglio schiacciato e l'olio d'oliva nella ciotola di un frullatore.
- Aggiungi la farina di lino alla miscela. Frullare fino a che liscio.
- Aggiungere sale e succo di limone a piacere e mescolare bene.
- Refrigerare fino a quando non è ben freddo. Servire con olive nere, uova sode, coriandolo, menta o prezzemolo.

53. Zuppa Di Manzo All'italiana

Serve 6

ingredienti

c) 1 libbra di ape tritata 1 spicchio d'aglio, tritato
d) 2 tazze di brodo di manzo
e) pochi pomodori grandi
f) 1 tazza di carote a fette
g) 2 tazze di fagioli cotti
h) 2 zucchine piccole, a cubetti
i) 2 tazze di spinaci - sciacquati e strappati
j) 1/4 di cucchiaino. Pepe nero
k) 1/4 di cucchiaino. sale

- Rosolare il manzo con aglio in una pentola. Mescolare in brodo, carote e pomodori. Condire con sale e pepe.
- Ridurre il fuoco, coprire e cuocere a fuoco lento per 15 minuti
- Unire i fagioli con il liquido e le zucchine. Coprite e lasciate cuocere finché le zucchine non saranno tenere.
- Togliere dal fuoco, aggiungere gli spinaci e coprire. Servire dopo 5 minuti.

54. Funghi arrostiti cremosi

Serve 4

ingredienti

c) • 1 libbra di funghi Portobello, tagliati in pezzi da 1 pollice
d) • 1/2 libbra di funghi shiitake, con gambo
e) • 6 cucchiai. oliva olio o avocado olio
f) • 2 tazze di brodo vegetale
g) • 1 1/2 cucchiaio. Noce di cocco olio
h) • 1 cipolla, tritata
i) • 3 spicchi d'aglio, tritati
j) • 3 cucchiai. farina di arrowroot
k) • 1 tazza di crema di cocco
l) • 3/4 cucchiaino. timo tritato

Istruzioni

- Scaldare il forno a 400 ° F. Foderare una teglia grande con un foglio. Distribuire i funghi e condirli con un filo d'olio d'oliva. Condite con sale e pepe e mescolate. Coprite con la pellicola e infornateli per mezz'ora. Scoprire e continuare la cottura per altri 15 minuti. Raffreddare leggermente. Mescolare metà dei funghi con una lattina di brodo in un frullatore. Mettere da parte.

- Sciogliere l'olio di cocco in una pentola capiente a fuoco alto. Aggiungere la cipolla e l'aglio e soffriggere finché la cipolla non diventa traslucida. Aggiungere la farina e mescolare 2 minuti. Aggiungere la panna, il brodo e il timo. Mescolare i restanti funghi cotti e la purea di funghi. Cuocere a fuoco basso fino a quando non si addensa (circa 10 minuti). Aggiustare di sale e pepe.

55. zuppa di fagioli neri

Serve 6-8

ingredienti

- c) 1/4 di tazza <u>Noce di cocco</u> olio
- d) 1/4 tazza di cipolla, a dadini
- e) 1/4 tazza di carote, a dadini
- f) 1/4 tazza di peperone verde, a dadini
- g) 1 tazza di brodo di manzo
- h) 3 libbre di fagioli neri cotti
- i) 1 cucchiaio. succo di limone
- j) 2 cucchiaini di aglio
- k) • 2 cucchiaini di sale

l)   1/2 cucchiaino. Pepe Nero, Macinato

m)   2 cucchiaini di peperoncino in polvere

n)   8 once. Maiale

o)   1 cucchiaio. Farina di tapioca

p)   2 cucchiai. acqua

Istruzioni

- Metti l'olio di cocco, la cipolla, la carota e il peperone in una pentola. Cuocere le verdure finché sono tenere. Portare a ebollizione il brodo.

- Aggiungere alle verdure i fagioli cotti, il brodo e gli altri ingredienti (tranne la farina di tapioca e 2 cucchiai d'acqua). Portare a bollore il composto e cuocere per circa 15 minuti.

- Passare 1 litro della zuppa in un frullatore e rimettere nella pentola. Unire la farina di tapioca e 2 cucchiai. acqua in una ciotola separata.

- Aggiungere la miscela di farina di tapioca alla zuppa di fagioli e portare a ebollizione per 1 minuto.

56. *Gazpacho bianco*

Serve 4-6

ingredienti

- c) • 1 tazza lino farina di semi
- d) • 200 g di mandorle, sbollentate e spellate
- e) • 3 spicchi d'aglio
- f) • 150 ml di extra vergine oliva olio o avocado olio
- g) • 5 cucchiai. succo di limone
- h) • 2 cucchiaini di sale
- i) • 1 litro d'acqua

j) • 150 g di uva, senza semi

Istruzioni

- Mettere nel frullatore la farina di lino con le mandorle e l'aglio. Frullare fino a ottenere una pasta liscia. Aggiungere un po' d'acqua se necessario. Aggiungere l'olio a filo con il motore acceso. Aggiungere anche il succo di limone e il sale.

- Versare il composto in una brocca e aggiungere l'acqua rimanente. Aggiungere sale o succo di limone a piacere. Raffreddare la zuppa.

- Mescolare prima di servire e guarnire con l'uva.

57. Zuppa di zucca

Serve 4-6

ingredienti

e) • 1 zucca
f) • 1 carota, tritata
g) • 1 cipolla (a dadini)
h) • 3/4 – 1 tazza di latte di cocco
i) • 1/4 – 1/2 tazza di acqua
j) • oliva olio o avocado olio
k) • sale
l) • Pepe
m) • Cannella
n) • Curcuma

Istruzioni

- Tagliare la zucca e togliere i semi. Tagliatela a pezzi grandi e mettetela su una teglia. Cospargere con sale, olio d'oliva e pepe e infornare a 375 gradi F fino a renderle morbide (circa 1 ora). Lasciate raffreddare.

- Nel frattempo, soffriggere le cipolle in olio d'oliva (metterlo in una pentola). Aggiungi le carote. Aggiungere 3/4 di tazza di latte di cocco e 1/4 di tazza di acqua dopo pochi minuti e lasciare sobbollire. Togliete la zucca dalla buccia. Aggiungilo alla zuppa. Mescolate per amalgamare gli ingredienti e lasciate sobbollire qualche minuto. Se necessario aggiungere altro latte o acqua. Condire a piacere con sale, pepe e spezie. Frullare fino a che liscio e cremoso.

- Cospargetela con semi di zucca tostati.

58. Zuppa di maiale con fagioli bianchi e cavolo riccio

Serve 4-6

ingredienti

e) • 2cucchiaio da tavola. ogni extra vergineoliva olio
f) • 3 cucchiai. peperoncino in polvere
g) • 1 cucchiaio. salsa piccante jalapeno
h) • 2 libbre di braciole di maiale con l'osso
i) • sale
j) • 4 gambi di sedano, tritati
k) • 1 cipolla bianca grande, tritata
l) • 3 spicchi d'aglio, tritati

m) • 2 tazze di brodo di pollo
n) • 2 tazze di pomodori a cubetti
o) • 2 tazze di fagioli bianchi cotti
p) • 6 tazze confezionate Kale

- Preriscaldare il grill. Sbattere la salsa piccante, 1 cucchiaio. olio d'oliva e peperoncino in polvere in una ciotola. Condire le costolette di maiale con 1/2 cucchiaino. sale. Strofinare le costolette con la miscela di spezie su entrambi i lati e metterle su una griglia sopra una teglia. Mettere da parte.
- Scaldare 1 cucchiaio. olio di cocco in una pentola capiente a fuoco alto. Aggiungere il sedano, l'aglio, la cipolla e i restanti 2 cucchiai. peperoncino in polvere. Cuocere finché le cipolle non diventano traslucide, mescolando (circa 8 minuti).
- Aggiungere i pomodori e il brodo di pollo nella pentola. Cuocere e mescolare di tanto in tanto fino a ridurre di circa un terzo (circa 7 minuti). Aggiungere il cavolo cappuccio e i fagioli. Ridurre il fuoco a medio, coprire e cuocere fino a quando il cavolo riccio è tenero (circa 7 minuti). Aggiungere fino a 1/2 tazza di acqua se il composto sembra asciutto e condire con sale.
- Nel frattempo, arrostire il maiale fino a doratura

Zuppa di pollo greca al limone

Serve 4

ingredienti

e) • 4 tazze di brodo di pollo
f) • 1/4 di tazza cruda Quinoa
g) • sale e pepe
h) • 3 uova
i) • 3 cucchiai. succo di limone
j) • Una manciata di aneto fresco (tritato)
k) • pollo arrosto grattugiato (facoltativo)

- Portare a bollore il brodo in una casseruola. Aggiungere la quinoa e cuocere finché sono teneri. Condire con sale e pepe. Ridurre il fuoco al minimo e lasciare sobbollire. In una ciotola separata, sbatti il succo di limone e le uova fino a che liscio.

Aggiungere circa 1 tazza di brodo caldo nella miscela di uova/limone e frullare per unire.

- Rimettere il composto nella casseruola. Mescolare fino a quando la zuppa diventa opaca e si addensa. Aggiungi aneto, sale e pepe a piacere e il pollo se lo hai e servi.

59. Zuppa con uovo

Serve 4-6

Ingredienti -

d) • 1 1/2 litro di brodo di pollo

e) 2 cucchiai. Farina di tapioca, mescolata in 1/4 di tazza di acqua fredda

f) 2 uova, leggermente sbattute con una forchetta

g) 2 scalogni, tritati, comprese le estremità verdi

Istruzioni

- Portare a ebollizione il brodo. Versare lentamente la miscela di farina di tapioca mescolando il brodo. Il brodo dovrebbe addensarsi.

- Riduci il fuoco e lascia sobbollire. Incorporare le uova molto lentamente mescolando.
- Non appena l'ultima goccia di uovo è dentro, spegnere il fuoco.
- Servire con lo scalogno tritato sopra.

60. Zuppa cremosa di pomodoro e basilico

Serve 6

ingredienti

d) 4 pomodori - pelati, privati dei semi e tagliati a dadini
e) 4 tazze di succo di pomodoro
f) 14 foglie di basilico fresco
g) 1 tazza di crema di cocco
h) sale qb
i) pepe nero macinato a piacere

Istruzioni

- Unire i pomodori e il succo di pomodoro in una pentola. Cuocere 30 minuti.
- Miscela di purea con foglie di basilico in un processore.
- Rimettete in una pentola e aggiungete la crema di cocco.
- Aggiungere sale e pepe a piacere.

PIATTO PRINCIPALE

61. Zuppa di lenticchie

ingredienti

• 1 tazza di lenticchie secche

• 3 1/2 tazze di brodo di pollo

• pochi pomodori

• 1 patata media tritata + 1/2 tazza di carota tritata

• 1/2 tazza di cipolla tritata + 1/2 tazza di sedano tritato (opzionale)

• qualche rametto di prezzemolo e basilico + 1 spicchio d'aglio (tritato)

• 1 libbra di maiale o manzo magro a cubetti + pepe a piacere

Puoi mangiare un'insalata a tua scelta con questo stufato.

62. Piselli Brasati con Manzo

Serve 1

ingredienti

• 1 tazza di piselli freschi o surgelati

• 1 cipolla, tritata finemente

• 2 spicchi d'aglio, affettati sottilmente e 1/2 pollice di zenzero fresco sbucciato/tagliato (se vi piace)

• 1/2 cucchiaino. fiocchi di peperoncino rosso, o a piacere

• 1 pomodoro, tagliato grossolanamente

• 1 carota tritata

• 1 cucchiaio. Noce di cocco olio

• 1/2 tazza di brodo di pollo

• 4 once. manzo a cubetti

- Sale e pepe nero macinato al momento

c) Scaldare l'olio di cocco in una padella a fuoco medio.

d) Soffriggere la cipolla, l'aglio e lo zenzero finché non saranno morbidi. Aggiungere il peperoncino, la carota e i pomodori e saltare finché il pomodoro non inizia ad ammorbidirsi. Aggiungere i piselli. Aggiungi 4 once. manzo magro a cubetti.

e) Aggiungere il brodo e cuocere a fuoco medio. Coprire e cuocere fino a quando i piselli sono teneri. Aggiustare di sale e pepe.

63. chili di pollo bianco

Porzioni: 5

ingredienti

- • 4 grandi petti di pollo disossati e senza pelle
- • 2 peperoni verdi
- • 1 cipolla gialla grande
- • 1 jalapeño
- • 1/2 tazza di peperoncini verdi a dadini (facoltativo)
- • 1/2 tazza di cipollotti
- • 1,5 cucchiai. Noce di cocco olio
- • 3 tazze di fagioli bianchi cotti

- • 3,5 tazze di pollo o brodo vegetale
- • 1 cucchiaino. cumino in polvere
- • 1/4 di cucchiaino. peperoncino di Cayenna
- • sale qb

Istruzioni

d) Portare a bollore una pentola d'acqua. Aggiungere i petti di pollo e cuocere fino a cottura completa. Scolare l'acqua e lasciare raffreddare il pollo. Quando è freddo, sminuzzare e mettere da parte.

e) Tagliare a dadini i peperoni, il jalapeno e la cipolla. Sciogliere l'olio di cocco in una pentola a fuoco alto. Aggiungere i peperoni e le cipolle e rosolare finché non saranno morbidi, ca. 8-10 minuti.

f) Aggiungere il brodo, i fagioli, il pollo e le spezie nella pentola. Mescolate e portate a bollore basso. Coprire e cuocere a fuoco lento per 25-30 minuti.

g) Cuocere per altri 10 minuti e mescolare di tanto in tanto. Togliere dal fuoco. Lasciar riposare per 10 minuti per addensare. Guarnire con il coriandolo.

64. Cavolo Maiale

Serve 4

ingredienti

- • 1 cucchiaio. Noce di cocco olio
- • 1 libbra di filetto di maiale, mondato e tagliato a pezzi da 1 pollice
- • 3/4 cucchiaino. sale
- • 1 cipolla media, tritata finemente
- • 4 spicchi d'aglio, tritati
- • 2 cucchiaini di paprika
- • 1/4 di cucchiaino. peperoncino tritato (facoltativo)
- • 1 bicchiere di vino bianco
- • 4 pomodori pelati, tritati

- • 4 tazze di brodo di pollo
- • 1 mazzetto di cavolo riccio, tritato
- • 2 tazze di fagioli bianchi cotti

Istruzioni

d) Scaldare l'olio di cocco in una pentola a fuoco medio. Aggiungere la carne di maiale, aggiustare di sale e cuocere fino a quando non sarà più rosa. Trasferire in un piatto e lasciare i succhi nella pentola.

e) Aggiungere la cipolla nella pentola e cuocere finché non diventa traslucida. Aggiungere la paprika, l'aglio e il peperoncino tritato e cuocere per circa 30 secondi. Aggiungere i pomodori e il vino, aumentare la fiamma e mescolare per raschiare eventuali pezzi dorati. Aggiungi il brodo. Portare ad ebollizione.

f) Aggiungere il cavolo e mescolare finché non appassisce. Abbassa la fiamma e fai sobbollire, finché il cavolo riccio non sarà tenero. Mescolare fagioli, maiale e succhi di maiale. Cuocere per altri 2 minuti.

65. Curry di zucca e cavolfiore

Porzioni: 6

ingredienti

- · Pasta al curry
- · 3 tazze di zucca sbucciata e tritata
- · 2 tazze di latte di cocco denso
- · 3 cucchiai. Noce di cocco olio
- · 2 cucchiai. crudomiele
- · 2 libbre di pomodori
- · 1 tazza e 1/4 di riso integrale, crudo
- · 1 tazza di cavolfiore tritato
- · 1 tazza di peperoni verdi tritati
- · Coriandolo per condire

Istruzioni

c) Cuocere il riso integrale. Mettere da parte.

d) Prepara la pasta di curry. Versare il latte di cocco nella padella e mescolare il curry e il miele crudo nel latte di cocco. Aggiungere il cavolfiore, la zucca e i peperoni verdi. Coprite e fate cuocere fino a quando la zucca sarà tenera. Togliete dal fuoco e lasciate riposare per 10 minuti. La salsa si addenserà.

e) Servire il curry sul riso integrale. Aggiungere il coriandolo tritato prima di servire.

66. Crockpot Agnello Rosso Al Curry

Porzioni: 16

ingredienti

- • 3 libbre di carne di agnello a cubetti
- • Pasta al curry
- • 4 tazze di concentrato di pomodoro
- • 1 cucchiaino. sale più altro a piacere
- • 1/2 tazza di latte o panna di cocco

Istruzioni

d) Prepara la pasta al curry. Aggiungere l'agnello e la pasta di curry in un crockpot. Versare una tazza di concentrato di pomodoro sull'agnello. Aggiungi 2 tazze d'acqua nella pentola. Mescolate, coprite e cuocete alla massima potenza per 2 ore o bassa per 4-5 ore. Assaggiate e aggiustate di sale.

e) Mescolare il latte di cocco e cospargere di coriandolo prima di servire. Servire su riso integrale o pane naan.

67. Dhal di lenticchie facile

Porzioni: 6

ingredienti

- • 2 1/2 tazze di lenticchie
- • 5-6 tazze d'acqua
- • Pasta al curry
- • 1/2 tazza di latte di cocco
- • 1/3 di tazza d'acqua
- • 1/2 cucchiaino di sale + 1/4 di cucchiaino. Pepe nero
- • succo di lime
- • Coriandolo e cipollotti per guarnire

Istruzioni

c) Portare l'acqua a ebollizione in una pentola capiente. Aggiungere le lenticchie e cuocere senza coperchio per 10 minuti, mescolando spesso.

d) Togliere dal fuoco. Incorporare gli ingredienti rimanenti.

e) Condire con sale ed erbe aromatiche per guarnire.

68. Gumbo

- • 1 libbra di gamberi medi sgusciati
- • Petti di pollo disossati e senza pelle da 1/2 libbra
- • 1/2 tazza Noce di cocco olio
- • 3/4 di tazza mandorla Farina
- • 2 tazze di cipolle tritate
- • 1 tazza di sedano tritato
- • 1 tazza di peperone verde tritato
- • 1 cucchiaino. cumino in polvere
- • 1 cucchiaio. aglio fresco tritato
- • 1 cucchiaino. timo fresco tritato
- • 1/2 cucchiaino. peperoncino
- • 6 tazze di brodo di pollo

- • 2 tazze di pomodori a cubetti
- • 3 tazze di gombo affettato
- • 1/2 tazza di prezzemolo fresco tritato
- • 2 foglie di alloro
- • 1 cucchiaino. salsa piccante

d) Rosolare il pollo a fuoco vivo fino a doratura in una pentola capiente. Rimuovere e mettere da parte. Tritare le cipolle, il sedano e il peperone verde e mettere da parte.

e) Mettere l'olio e la farina nella pentola. Mescolate bene e fate rosolare per fare un roux. Quando il roux è pronto aggiungete le verdure tritate. Rosolare a fuoco basso per 10 minuti.

f) Aggiungere lentamente il brodo di pollo mescolando continuamente.

g) Aggiungere il pollo e tutti gli altri ingredienti tranne il gombo, i gamberi e il prezzemolo, che verranno conservati per la fine.

h) Coprire e cuocere a fuoco lento per mezz'ora. Togliete il coperchio e fate cuocere per un'altra mezz'ora, mescolando di tanto in tanto.

i) Aggiungere gamberi, gombo e prezzemolo. Continuare a cuocere a fuoco basso senza coperchio per 15 minuti.

69. Curry di ceci

Serve 4

ingredienti

• Pasta al curry

• 4 tazze di ceci cotti • 1 tazza di coriandolo tritato

Istruzioni

- Prepara la pasta di curry. Unire i ceci e il loro liquido.
- Continua a cucinare. Mescolare fino a quando tutti gli ingredienti non si saranno amalgamati.
- Togliere dal fuoco. Mescolare il coriandolo appena prima di servire, tenendo da parte 1 cucchiaio. per guarnire.

70. Pollo al curry rosso

Porzioni: 6

ingredienti

d) • 2 tazze di carne di pollo a cubetti
e) • Pasta al curry
f) • 2 tazze di concentrato di pomodoro
g) • 1/4 tazza di latte o panna di cocco
h) • Coriandolo per guarnire
i) • Riso integrale per servire

Istruzioni

- Prepara la pasta di curry. Aggiungere il concentrato di pomodoro; mescolare e cuocere a fuoco lento fino a che liscio. Aggiungere il pollo e la panna.
- Mescolate per amalgamare e fate sobbollire per 15-20 minuti.
- Servire con riso integrale e coriandolo.

71. Fagiolini Brasati con Maiale

Serve 1

ingredienti

e) • 1 tazza di fagiolini freschi o surgelati
f) • 1 cipolla, tritata finemente
g) • 2 spicchi d'aglio, affettati sottilmente
h) • 1/2 pollice di zenzero fresco pelato/affettato
i) • 1/2 cucchiaino. fiocchi di peperoncino rosso, o a piacere
j) • 1 pomodoro, tagliato grossolanamente
k) • 1 cucchiaio. Noce di cocco olio
l) • 1/2 tazza di brodo di pollo
m) • Sale e pepe nero macinato

n)   • 1/4 di limone, tagliato a spicchi, per servire

o)   • 5 once. carne di maiale magra

Istruzioni

- Tagliare ogni fagiolo a metà. Scaldare l'olio di cocco in una padella a fuoco medio. Soffriggere la cipolla, l'aglio e lo zenzero a fuoco medio finché non sono morbidi.

- Aggiungere il peperoncino e i pomodori e saltare fino a quando il pomodoro inizia a rompersi. Mescolare i fagiolini. Aggiungi 5 once. maiale magro a cubetti.

- Aggiungere il brodo e portare a bollore a fuoco medio. Coprire e cuocere fino a quando i fagioli sono teneri.

- Aggiustare di sale e pepe. Servire con uno spicchio di limone a parte.

72. Ratatouille

Serve 4-6

ingredienti

d) • 2 melanzane grandi
e) • 3 zucchine medie
f) • 2 cipolle medie
g) • 2 peperoni rossi o verdi
h) • 4 pomodori grandi
i) • 2 spicchi d'aglio, schiacciati
j) • 4 cucchiai. Noce di cocco olio
k) • 1 cucchiaio. basilico fresco
l) • Salt e pepe nero appena macinato

Istruzioni

- Tagliare le melanzane e le zucchine a fette di 1 pollice. Quindi tagliare ogni fetta a metà. Salatele e lasciatele per un'ora. Il sale tirerà fuori l'amarezza.
- Tritare peperoni e cipolle. Pelare i pomodori facendoli bollire per pochi minuti. Quindi in quarti, togliere i semi e tritare la polpa. Soffriggere l'aglio e le cipolle nell'olio di cocco in una casseruola per 10 minuti. Aggiungere i peperoni. Asciugare le melanzane e le zucchine e aggiungerle al tegame. Aggiungere il basilico, il sale e il pepe. Mescolate e fate cuocere per mezz'ora.
- Aggiungere la polpa di pomodoro, controllare il condimento e cuocere per altri 15 minuti senza coperchio.

73. Manzo alla brace

Serve 8

ingredienti

• 1-1 / 2 tazze di concentrato di pomodoro • 1/4 tazza di succo di limone • 2 cucchiai. senape • 1/2 cucchiaino. sale

• 1 carota tritata • 1/4 di cucchiaino. pepe nero macinato • 1/2 cucchiaino. aglio tritato • 4 libbre di mandrino arrosto disossato

Istruzioni

d) In una ciotola capiente, unire il concentrato di pomodoro, il succo di limone e la senape. Mescolare sale, pepe e aglio.

e) Metti l'arrosto e la carota in una pentola a cottura lenta. Versare il composto di pomodoro sull'arrosto. Coprire e cuocere a fuoco basso per 7-9 ore.

f) Rimuovere l'arrosto dalla pentola a cottura lenta, sminuzzare con una forchetta e tornare nella pentola a cottura lenta. Mescolare la carne per ricoprirla uniformemente di salsa. Continuare la cottura per circa 1 ora.

74. Filetto di manzo con scalogno

- • 3/4 libbre di scalogno, dimezzato nel senso della lunghezza
- • 1-1/2 cucchiaio. oliva olio o avocado olio
- • Sale e pepe a piacere
- • 3 tazze di brodo di manzo
- • 3/4 bicchiere di vino rosso red
- • 1-1 / 2 cucchiaini di concentrato di pomodoro
- • 2 libbre di filetto di manzo arrosto, rifilato
- • 1 cucchiaino. Timo essiccato
- • 3 cucchiai. Noce di cocco olio
- 1 cucchiaio. mandorla Farina

f) Scaldare il forno a 375 gradi F. Toss scalogni con olio d'oliva per rivestire in una teglia e condire con sale e pepe. Arrostire fino a quando gli scalogni sono teneri, mescolando di tanto in tanto, per circa mezz'ora.

g) Unire il vino e il brodo di carne in una casseruola e portare a bollore. Cuocere a fuoco alto. Il volume dovrebbe essere ridotto della metà. Aggiungere il concentrato di pomodoro. Mettere da parte.

h) Asciugare la carne e cospargerla di sale, timo e pepe. Aggiungere la carne in padella unta con olio di cocco. Rosolare su tutti i lati a fuoco vivo.

i) Rimetti la teglia in forno. Arrosto di manzo per circa mezz'ora per mediamente cotta. Trasferire la carne in un piatto. Coprire liberamente con un foglio.

j) Mettere la padella sul fuoco e aggiungere la miscela di brodo. Portare a bollore e mescolare per raschiare eventuali pezzi dorati. Trasferire in un'altra casseruola e portare a ebollizione. Mescolare 1 1/2 cucchiaio. olio di cocco e farina in una piccola ciotola e mescolare. Versare nel brodo e cuocere a fuoco lento fino a quando la salsa si addensa. Unire gli scalogni arrostiti. Condire con sale e pepe.

k) Tagliare la carne a fette spesse 1/2 pollice. Versare sopra un po' di salsa.

75. chili

- c) • 2 cucchiai. <u>Noce di cocco</u> olio
- d) • 2 cipolle, tritate
- e) • 3 spicchi d'aglio, tritati
- f) • 1 libbra di carne macinata
- g) • Filetto di manzo da 3/4 libbre, a cubetti
- h) • 2 tazze di pomodori a dadini
- i) • 1 tazza di caffè ristretto forte
- j) • 1 tazza di concentrato di pomodoro
- k) • 2 tazze di brodo di manzo
- l) • 1 cucchiaio. semi di cumino
- m) • 1 cucchiaio. cacao amaro in polvere

n) • 1 cucchiaino. origano secco
o) • 1 cucchiaino. pepe di cayenna macinato
p) • 1 cucchiaino. coriandolo macinato
q) • 1 cucchiaino. sale
r) • 6 tazze di fagioli rossi cotti
s) • 4 peperoncini piccanti freschi, tritati

- Scaldare l'olio in una casseruola a fuoco medio. Cuocere l'aglio, le cipolle, il controfiletto e la carne macinata nell'olio fino a quando la carne è rosolata e le cipolle sono traslucide.
- Unire i dadini di pomodoro, il caffè, il concentrato di pomodoro e il brodo di carne. Condire con origano, cumino, cacao in polvere, pepe di Cayenna, coriandolo e sale. Mescolare i peperoncini piccanti e 3 tazze di fagioli. Ridurre il fuoco al minimo e cuocere a fuoco lento per due ore.
- Incorporare le 3 tazze di fagioli rimanenti. Cuocere per altri 30 minuti.

76. Polpettone Glassato

Serve 4

Ingredienti -

c) • 1/2 tazza di concentrato di pomodoro

d) • 1/4 tazza di succo di limone, diviso

e) • 1 cucchiaino. senape in polvere

f) • 2 libbre di carne macinata

g) • 1 tazza lino farina di semi

h) 1/4 tazza di cipolla tritata

i) 1 uovo, sbattuto

j) *Istruzioni*

- Scaldare il forno a 350 gradi F. Unire la senape, il concentrato di pomodoro, 1 cucchiaio. succo di limone in una piccola ciotola.

- Unire la cipolla, la carne macinata, il lino, l'uovo e il succo di limone rimasto in una ciotola più grande separata.

- E aggiungi 1/3 della miscela di concentrato di pomodoro dalla ciotola più piccola. Amalgamare bene il tutto e mettere in una teglia.

- Cuocere a 350 gradi F per un'ora. Scolare il grasso in eccesso e ricoprire con il restante composto di concentrato di pomodoro. Cuocere per altri 10 minuti.

77. Lasagne alle melanzane

Serve 4-6

Ingredienti, NF

c) • 2 melanzane grandi, sbucciate e tagliate longitudinalmente a listarelle

d) • Noce di cocco olio

e) • sale e pepe

f) Bolognese

g) • 2 tazze di formaggio contadino a basso contenuto di grassi

h) • 2 uova

i) • 3 cipolle verdi, tritate

j) • 1 tazza di mozzarella sminuzzata a basso contenuto di grassi

Istruzioni

- Scaldare il forno a 425 gradi.
- Oliare la teglia e disporre la fetta di melanzana. Cospargere con sale e pepe. Cuocere le fette 5 minuti per lato. Abbassare la temperatura del forno a 375.
- Rosolare la cipolla, la carne e l'aglio in olio di cocco per 5 minuti. Aggiungere i funghi e il peperoncino e cuocere per 5 minuti. Aggiungere i pomodori, gli spinaci e le spezie e cuocere a fuoco lento per 5-10 minuti.
- Frullate il formaggio contadino, il composto di uova e cipolla. Stendere un terzo del ragù di carne sul fondo di un tegame di vetro. Disporre una metà delle fette di melanzana e una metà del formaggio contadino. Ripetere. Aggiungere l'ultimo strato di salsa e poi la mozzarella.
- Coprire con pellicola. Infornare a 375 gradi per un'ora. Rimuovere la pellicola e cuocere fino a quando il formaggio non sarà dorato. Lasciar riposare 10 minuti prima di servire.

78. Melanzane Ripiene

c) Risciacquare le melanzane. Tagliare una fetta da un'estremità. Fate un ampio spacco e salateli. Pomodori senza semi. Tritateli finemente.

d) Tagliare le cipolle a fettine sottili. Tritare gli spicchi d'aglio. Poneteli in una padella con olio di cocco.

e) Aggiungere i pomodori, il prezzemolo, il cumino, il pepe, il peperoncino e la carne macinata. Soffriggere per 10 minuti.

f) Spremere le melanzane, in modo che il succo amaro esca. Riempi l'ampia fessura con il mix di carne macinata. Versare il restante composto sopra. Riscaldare il forno a 375F nel frattempo.

g) Mettere le melanzane in una teglia. Cospargerli con olio d'oliva, succo di limone e 1 tazza d'acqua.

h) Coprire la padella con un foglio.

79. Peperoni Ripieni Di Manzo

ingredienti

- 6 peperoni rossi
- sale qb
- 1 libbra di carne macinata
- 1/3 di tazza di cipolla tritata
- Sale e pepe a piacere
- 2 tazze di pomodori tritati
- 1/2 tazza di riso integrale crudo o
- 1/2 tazza di acqua
- 2 tazze di zuppa di pomodoro
- acqua quanto basta

Istruzioni

c) Lessate i peperoni in acqua bollente per 5 minuti e scolateli.

d) Cospargere di sale all'interno di ogni peperone e mettere da parte. In una padella, soffriggere le cipolle e il manzo fino a quando il manzo non è rosolato. Scolare il grasso in eccesso. Condire con sale e pepe. Mescolare il riso, i pomodori e 1/2 tazza d'acqua. Coprire e cuocere a fuoco lento fino a quando il riso è tenero. Togliere dal fuoco. Incorporare il formaggio.

e) Riscaldare il forno a 350 gradi F. Farcire ogni peperone con la miscela di riso e manzo. Mettere i peperoni con il lato aperto verso l'alto in una teglia. Unire la zuppa di pomodoro con acqua quanto basta per rendere la zuppa una consistenza di sugo in una ciotola separata.

f) Versare sopra i peperoni.

g) Cuocere coperto per 25-35 minuti.

80. Super gulasch

Serve 4-6

ingredienti

- • 3 tazze di cavolfiore
- 1 libbra di carne macinata •
- 1 cipolla media, tritata •
- sale qb
- • pepe nero macinato a piacere
- aglio a piacere
- • 2 tazze di fagioli rossi cotti
- • 1 tazza di concentrato di pomodoro

c) Rosolare la carne macinata e la cipolla in una padella, a fuoco medio. Scolare il grasso. Aggiungere aglio, sale e pepe a piacere.

d) Mescolare il cavolfiore, i fagioli borlotti e il concentrato di pomodoro. Cuocere fino a quando il cavolfiore è pronto.

81. Frijoles Charros

Serve 4-6

ingredienti

- • 1 libbra di fagioli borlotti secchi
- • 5 spicchi d'aglio, tritati
- • 1 cucchiaino. sale
- • 1/2 libbra di maiale, a dadini
- • 1 cipolla, tritata e 2 pomodori freschi, a dadini
- • qualche peperoncino jalapeno affettato a fette
- • 1/3 tazza di coriandolo tritato

Istruzioni

c) Metti i fagioli borlotti in una pentola a cottura lenta. Coprire con acqua. Mescolare l'aglio e il sale. Coprire e cuocere per 1 ora alla massima potenza.

d) Cuocere la carne di maiale in una padella a fuoco alto fino a doratura. Scolare il grasso. Metti la cipolla nella padella. Cuocere finché sono teneri. Mescolare in jalapenos e pomodori. Cuocere fino a quando non viene riscaldato. Trasferire nella pentola a cottura lenta e unire i fagioli. Continuare la cottura per 4 ore su Bassa. Mescolare il coriandolo circa mezz'ora prima della fine del tempo di cottura.

82. pollo alla cacciatora

Serve 8

ingredienti

- • 4 libbre di cosce di pollo, con la pelle
- • 2 cucchiai. extra vergine oliva olio o avocado olio
- • sale
- • 1 cipolla affettata
- • 1/3 di bicchiere di vino rosso
- • 1 peperone rosso o verde a fette
- • 8 once di funghi cremini affettati
- • 2 spicchi d'aglio affettati
- • 3 tazze di pomodori pelati e tagliati a pezzi
- • 1/2 cucchiaino. Pepe nero macinato
- • 1 cucchiaino. Origano essiccato
- • 1 cucchiaino. timo secco
- • 1 rametto di rosmarino fresco

- • 1 cucchiaio. prezzemolo fresco

Istruzioni

c) Pat il pollo su tutti i lati con sale. Scaldare l'olio d'oliva in una padella a fuoco medio. Rosolare in padella alcuni pezzi di pollo con la pelle rivolta verso il basso (non sovraffollare) per 5 minuti, quindi girare. Mettere da parte. Assicurati di avere 2 cucchiai. del grasso reso rimasto.

d) Aggiungere le cipolle, i funghi e i peperoni nella padella. Aumentare il fuoco a medio alto. Cuocere fino a quando le cipolle sono tenere, mescolando, per circa 10 minuti. Aggiungere l'aglio e cuocere ancora un minuto.

e) Aggiungi il vino. Raschiare eventuali pezzi dorati e cuocere a fuoco lento fino a quando il vino non si riduce della metà. Aggiungere i pomodori, il peperone, l'origano, il timo e un cucchiaino. di sale. Fate sobbollire scoperto per forse altri 5 minuti. Metti i pezzi di pollo sopra i pomodori, con la pelle rivolta verso l'alto. Abbassa il calore. Coprite la padella con il coperchio leggermente socchiuso.

f) Cuocere il pollo a fuoco lento. Girare e imbastire di tanto in tanto. Aggiungere il rosmarino e cuocere fino a quando la carne è tenera, circa 30-40 minuti. Guarnire con prezzemolo.

83. Cavolo In Umido Con Carne

Serve 8

ingredienti

c) • 1-1/2 libbre di carne macinata
d) • 1 tazza di brodo di manzo
e) • 1 cipolla tritata
f) • 1 foglia di alloro
g) • 1/4 di cucchiaino. Pepe
h) • 2 coste di sedano a fette
i) • 4 tazze di cavolo tritato
j) • 1 carota, affettata
k) • 1 tazza di concentrato di pomodoro
l) • 1/4 di cucchiaino. sale

Istruzioni

- Rosolare la carne macinata in una pentola. Aggiungere il brodo di manzo, la cipolla, il pepe e l'alloro. Coprire e cuocere a fuoco lento finché sono teneri (circa 30 minuti). Aggiungere il sedano, il cavolo e la carota.

- Coprite e lasciate cuocere finché le verdure non saranno tenere. Mescolare in concentrato di pomodoro e miscela di condimento. Cuocere scoperto per 20 minuti.

84. Spezzatino di Manzo con Piselli e Carote

Serve 8

ingredienti

c) • 1-1/2 tazze di carote tritate·
d) 1 tazza di cipolle tritate
e) • 2 cucchiai. Noce di cocco olio
f) 1-1 / 2 tazze di piselli verdi
g) 4 tazze di brodo di manzo
h) 1/2 cucchiaino. sale
i) • 1/4 di cucchiaino. Pepe nero macinato
j) 1/2 cucchiaino. aglio tritato
k) 4 libbre di mandrino arrosto disossato

Istruzioni

- Cuocere le cipolle in olio di cocco a fuoco medio finché non sono tenere (pochi minuti). Aggiungere tutti gli altri ingredienti e mescolare.
- Coprite e fate cuocere a fuoco lento per 2 ore. Mescolare la farina di mandorle con un po' di acqua fredda, unire allo stufato e cuocere per un altro minuto.

85. Spezzatino Di Pollo Verde

Serve 6-8

ingredienti

- c) • 1-1 / 2 tazze di cimette di broccoli
- d) • 1 tazza di gambi di sedano tritati
- e) • 1 tazza di porri affettati
- f) 2 cucchiai. <u>Noce di cocco</u> olio
- g) • 1-1 / 2 tazze di piselli verdi
- h) • 2 tazze di brodo di pollo
- i) • 1/2 cucchiaino. sale
- j) • 1/4 di cucchiaino. Pepe nero macinato

k) • 1/2 cucchiaino. aglio tritato

l) • 4 libbre di pezzi di pollo senza pelle disossati

Istruzioni

- Cuocere i porri in olio di cocco a fuoco medio finché non sono teneri (pochi minuti). Aggiungere tutti gli altri ingredienti e mescolare.
- Coprire e cuocere a fuoco basso per 1 ora. Mescolare la farina di mandorle con un po' di acqua fredda, unire allo stufato e cuocere per un altro minuto.

86. Stufato irlandese

Serve 8

ingredienti

- c) • 2 cipolle tritate
- d) • 2 cucchiai. Noce di cocco olio
- e) • 1 rametto di timo essiccato
- f) • 2 1/2 libbre di carne tritata dal collo di agnello
- g) • 6 carote tritate
- h) • 2 cucchiai. riso integrale
- i) • 5 tazze di brodo di pollo
- j) • sale
- k) • Pepe nero macinato
- l) • 1 bouquet garni (timo, prezzemolo e alloro)
- m) • 2 patate dolci tritate
- n) • 1 mazzetto di prezzemolo tritato
- o) • 1 mazzetto di erba cipollina

Istruzioni

- Cuocere le cipolle in olio di cocco a fuoco medio finché non sono tenere. Aggiungere il timo essiccato e l'agnello e mescolare. Aggiungere il riso integrale, le carote e il brodo di pollo. Aggiungere sale, pepe e bouquet garni. Coprite e fate cuocere a fuoco lento per 2 ore. Mettere le patate dolci sopra lo stufato e cuocere per 30 minuti fino a quando la carne non si staccherà.
- Guarnire con prezzemolo ed erba cipollina.

87. Stufato di piselli ungherese

Serve 8

ingredienti

c) • 6 tazze di piselli verdi
d) • 1 libbra di maiale a cubetti
e) • 2 cucchiai oliva olio o avocado olio
f) • 3 1/2 cucchiai mandorla Farina
g) • 2 cucchiai di prezzemolo tritato
h) • 1 tazza d'acqua
i) • 1/2 cucchiaino di sale
j) • 1 tazza di latte di cocco
k) • 1 cucchiaino di zucchero di cocco

Istruzioni

- Cuocere la carne di maiale e i piselli nell'olio d'oliva a fuoco medio finché sono quasi teneri (circa 10 minuti)
- Aggiungere sale, prezzemolo tritato, zucchero di cocco e farina di mandorle e cuocere per un altro minuto.
- Aggiungere l'acqua poi il latte e mescolare.
- Cuocere per altri 4 minuti a fuoco basso, mescolando di tanto in tanto.

88. Pollo Tikka Masala

- c) • 5 libbre di pezzi di pollo, senza pelle, con l'osso
- d) 3 cucchiai. paprika tostata
- e) 2 cucchiai. semi di coriandolo macinati tostati
- f) 12 spicchi d'aglio tritati
- g) 3 cucchiai. zenzero fresco tritato
- h) 2 tazze di yogurt
- i) 3/4 di tazza di succo di limone (da 4 a 6 limoni)
- j) 1 cucchiaino. sale marino
- k) 4 cucchiai. Noce di cocco olio
- l) 1 cipolla affettata
- m) 4 tazze di pomodori tritati
- n) 1/2 tazza di coriandolo tritato
- o) 1 tazza di crema di cocco
- Incidere il pollo in profondità a intervalli di 1 pollice con un coltello. Metti il pollo in una grande teglia.

- Unire coriandolo, cumino, paprika, curcuma e pepe di Caienna in una ciotola e mescolare. Mettere da parte 3 cucchiai. di questa miscela di spezie. Unire i restanti 6 cucchiai. miscela di spezie con 8 spicchi d'aglio aglio, yogurt, 2 cucchiai. zenzero, 1/4 di tazza di sale e 1/2 tazza di succo di limone in una grande ciotola e unire. Versare la marinata sui pezzi di pollo.

- Scaldare l'olio di cocco in una pentola capiente a fuoco medio-alto e aggiungere l'aglio e lo zenzero rimanenti. Aggiungi le cipolle. Cuocere per circa 10 minuti, mescolando di tanto in tanto. Aggiungi la miscela di spezie conservata e cuoci finché non diventa fragrante, circa mezzo minuto. Raschiare eventuali pezzetti rosolati dal fondo della padella e aggiungere i pomodori e metà del coriandolo. Fate sobbollire per 15 minuti. Fate raffreddare leggermente e frullate.

- Incorporare la crema di cocco e il restante quarto di tazza di succo di limone. Aggiustare di sale e mettere da parte finché il pollo non sarà cotto.

- Cuocere il pollo alla griglia o sotto la griglia.

- Togliete il pollo dall'osso e tagliatelo a pezzi grossolani. Aggiungi i pezzi di pollo alla pentola della salsa. Portare a bollore a fuoco medio e cuocere per circa 10 minuti.

89. Stufato di Manzo Greco (Stifado)

Serve 8

ingredienti

- c) • 4 pezzi grandi di ossobuco di vitello o manzo
- d) • 20 scalogni interi, pelati
- e) • 3 foglie di alloro
- f) • 8 spicchi d'aglio
- g) • 3 rametti di rosmarino
- h) • 6 pimenti interi
- i) • 5 chiodi di garofano interi
- j) • 1/2 cucchiaino di noce moscata macinata
- k) • 1/2 tazza oliva olio o avocado olio
- l) • 1/3 di tazza di aceto di mele
- m) • 1 cucchiaio. sale
- n) • 2 tazze di concentrato di pomodoro
- o) • 1/4 cucchiaino di pepe nero

Istruzioni

- Mescolare aceto e concentrato di pomodoro e mettere da parte. Mettere nella pentola la carne, lo scalogno, l'aglio e tutte le spezie.
- Aggiungere il concentrato di pomodoro, l'olio e l'aceto. Coprite la pentola, portate a bollore basso e fate sobbollire a fuoco basso per 2 ore. Non aprire e mescolare, basta scuotere la pentola di tanto in tanto.
- Servire con riso integrale o forse quinoa.

90. Spezzatino di Carne con Fagioli Rossi

Serve 8

ingredienti

c) • 3 cucchiai. oliva olio o avocado olio
d) • 1/2 cipolla tritata
e) • 1 libbra di manzo stufato a cubetti magro
f) • 2 cucchiaini. cumino in polvere
g) • 2 cucchiaini. curcuma macinata (opzionale)
h) • 1/2 cucchiaino. cannella in polvere (opzionale)
i) • 2 1/2 tazze d'acqua
j) • 5 cucchiai. prezzemolo fresco tritato
k) • 3 cucchiai. erba cipollina tagliata
l) • 2 tazze di fagioli rossi cotti
m) • 1 limone, succo di
n) • 1 cucchiaio. mandorla Farina
o) • sale e pepe nero

Istruzioni

f) Soffriggere la cipolla in una padella con due cucchiai di olio d'oliva finché sono teneri.

g) Aggiungere la carne e cuocere fino a quando la carne non sarà rosolata su tutti i lati. Mescolare la curcuma, la cannella (entrambe facoltative) e il cumino e cuocere per un minuto. Aggiungi dell'acqua e porta a ebollizione.

h) Coprite e fate cuocere a fuoco basso per 45 minuti. Mescolare di tanto in tanto. Soffriggere il prezzemolo e l'erba cipollina con il restante 1 cucchiaio. di olio d'oliva per circa 2 minuti e aggiungere questo composto alla carne di manzo. Aggiungere i fagioli borlotti e il succo di limone e condire con sale e pepe.

i) Mescolare in un cucchiaio. di farina di mandorle mescolata con un po' d'acqua per addensare lo stufato. Cuocere a fuoco lento per mezz'ora fino a quando la carne diventa tenera. Servire con riso integrale.

91. Spezzatino di agnello e patate dolci Sweet

Serve 8

ingredienti

- • 1-1 / 2 tazze di concentrato di pomodoro
- • 1/4 tazza di succo di limone
- • 2 cucchiai. Mostarda
- • 1/2 cucchiaino. sale
- • 1/4 di cucchiaino. Pepe nero macinato
- • 1/4 tazza di burro di mandorle grosso
- • 2 patate dolci a cubetti
- • 1/2 cucchiaino. aglio tritato
- • 4 libbre di mandrino arrosto disossato

Istruzioni

e) In una ciotola capiente, unire il concentrato di pomodoro, il succo di limone, il burro di mandorle e la senape. Mescolare sale, pepe, aglio e patate dolci a cubetti. Metti l'arrosto in una pentola a cottura lenta. Versare il composto di pomodoro sull'arrosto.

f) Coprire e cuocere a fuoco basso per 7-9 ore.

g) Rimuovere l'arrosto dalla pentola a cottura lenta, sminuzzare con una forchetta e tornare nella pentola a cottura lenta. Mescolare la carne per ricoprirla uniformemente di salsa. Continuare la cottura per circa 1 ora.

92. Petto di pollo al forno

Serve 10

ingredienti

- · 10 petto di pollo disossato e senza pelle skin
- · 3/4 tazza di yogurt magro
- · 1/2 tazza di basilico tritato
- · 2 cucchiaini. farina di arrowroot
- · 1 tazza di farina d'avena macinata grossolanamente

Istruzioni

c) Disporre il pollo in una teglia. Unire basilico, yogurt e farina di arrowroot; mescolare bene e spalmare sul pollo.

d) Mescolare la farina d'avena con sale e pepe a piacere e cospargere sul pollo.

e) Cuocere il pollo a 375 gradi in forno per mezz'ora. Per 10 porzioni.

93. Pollo Arrosto Al Rosmarino

Serve 6-8

- • 1 (3 libbre) di pollo intero, sciacquato, spellato
- • Sale e pepe a piacere
- • 1 cipolla, in quarti
- • 1/4 tazza di rosmarino tritato

Istruzioni

c) Riscaldare il forno a 350F. Cospargere di sale e pepe sulla carne. Farcire con la cipolla e il rosmarino.

d) Mettere in una teglia e cuocere nel forno preriscaldato fino a quando il pollo non sarà cotto.

e) A seconda delle dimensioni dell'uccello, il tempo di cottura varierà.

Carne Asada

- Mescolare insieme l'aglio, il jalapeno, il coriandolo, il sale e il pepe per fare una pasta. Metti la pasta in un contenitore. Aggiungere l'olio, il succo di lime e il succo d'arancia. Agitare per unire. Utilizzare come marinata per carne di manzo o come condimento da tavola.

- Mettere la bistecca in una teglia e versarvi sopra la marinata. Refrigerare fino a 8 ore. Togliere la bistecca dalla marinata e condirla su entrambi i lati con sale e pepe. Grigliare (o arrostire) la bistecca per 7-10 minuti per lato, girandola una volta, fino a che non sia di media cottura. Metti la bistecca su un tagliere e lascia che i succhi si depositino (5 minuti). Affettare sottilmente la bistecca attraverso le venature.

94. Cioppino

Serve 6

ingredienti

d) • 3/4 di tazza Noce di cocco olio
e) • 2 cipolle, tritate
f) • 2 spicchi d'aglio, tritati
g) • 1 mazzetto di prezzemolo fresco, tritato
h) • 1,5 tazze di pomodori in umido
i) • 1,5 tazze di brodo di pollo
j) • 2 foglie di alloro
k) • 1 cucchiaio. basilico essiccato
l) • 1/2 cucchiaino. Timo essiccato
m) • 1/2 cucchiaino. origano secco
n) • 1 tazza d'acqua

o) • 1-1/2 bicchieri di vino bianco
p) • 1-1/2 libbre di gamberi grandi sgusciati e svenati
q) • 1-1 / 2 libbre di capesante all'alloro
r) • 18 vongole piccole
s) • 18 cozze pulite e sbarbate
t) • 1-1/2 tazze di polpa di granchio
u) • 1-1/2 libbre di filetti di merluzzo, a cubetti

Istruzioni

- A fuoco medio sciogliere l'olio di cocco in una pentola capiente e aggiungere le cipolle, il prezzemolo e l'aglio. Cuocere lentamente, mescolando di tanto in tanto finché le cipolle non saranno morbide. Aggiungi i pomodori alla pentola. Aggiungere il brodo di pollo, l'origano, le foglie di alloro, il basilico, il timo, l'acqua e il vino. Mescolare bene.

- Coprire e cuocere 30 minuti. Mescolare i gamberi, le capesante, le vongole, le cozze e la polpa di granchio. Mescolare il pesce. Portare a ebollizione. Abbassate la fiamma, coprite e lasciate cuocere finché le vongole non si saranno aperte.

95. Passera con Arancia Cocco

Serve 6

ingredienti

- d) • 31/2 libbre. platessa
- e) • 3 cucchiai. vino bianco
- f) • 3 cucchiai. succo di limone
- g) • 3 cucchiai. <u>Noce di cocco</u> olio
- h) • 3 cucchiai. prezzemolo
- i) • 1 cucchiaino. Pepe nero
- j) • 2 cucchiai. scorza d'arancia
- k) • 1/2 cucchiaino. sale
- l) • 1/2 tazza di scalogno tritato

Istruzioni

- Preriscaldare il forno a 325F. Cospargere il pesce con pepe e sale.

- Mettere il pesce nella teglia. Cospargere la scorza d'arancia sopra il pesce. Sciogliere l'olio di cocco rimanente e aggiungere il prezzemolo e lo scalogno all'olio di cocco e versare sopra la passera. Quindi aggiungere il vino bianco.

- Mettere in forno e cuocere per 15 minuti. Servire il pesce con il succo extra a parte.

96. Salmone grigliato

Serve 4

ingredienti

d) • 4 (4 once) filetti di salmone

e) • 1/4 di tazza Noce di cocco olio

f) • 2 cucchiai. salsa di pesce

g) • 2 cucchiai. succo di limone

h) • 2 cucchiai. cipolla verde affettata sottilmente

i) • 1 spicchio d'aglio, tritato e 3/4 di cucchiaino. zenzero macinato

j) • 1/2 cucchiaino. fiocchi di peperoncino tritato

k) • 1/2 cucchiaino. olio di sesamo

l) • 1/8 cucchiaino. sale

Istruzioni

c) Sbatti insieme olio di cocco, salsa di pesce, aglio, zenzero, scaglie di peperoncino rosso, succo di limone, cipolle verdi, olio di sesamo e sale. Mettere il pesce in un piatto di vetro e versarvi sopra la marinata.

d) Coprire e conservare in frigorifero per 4 ore.

e) Preriscaldare la griglia. Mettere il salmone sulla griglia. Grigliare finché il pesce non diventa tenero. Girare a metà durante la cottura.

CONCLUSIONE

Per determinare se un alimento è a basso contenuto di grassi, una persona può leggere la sua etichetta nutrizionale. È fondamentale leggere la parte dell'etichetta che elenca valori specifici, poiché molti produttori etichettano gli alimenti come "a basso contenuto di grassi" nonostante abbiano un contenuto di grassi relativamente elevato.

Esempi di cibi a basso contenuto di grassi che una persona può incorporare nella propria dieta includono:

- Cereali, cereali e prodotti a base di pasta
- tortillas di mais o integrale
- cracker al forno
- cereali più freddi
- tagliatelle, soprattutto versioni integrali
- fiocchi d'avena
- riso
- bagel integrali
- Muffin all'inglese
- pane pita

www.ingramcontent.com/pod-product-compliance
Lightning Source LLC
Chambersburg PA
CBHW071831080526
44589CB00012B/986